AF253723

M. VICTOR DURUY

Lorsque l'Assemblée décida qu'elle nomme-
rait 75 sénateurs inamovibles, on s'étonna de
voir les élus du suffrage universel lui enlever
la nomination du quart des législateurs séna-
toriaux. Plus tard, on pensa que l'Assemblée
s'était ainsi réservé le droit d'appeler à la Cham-
bre Haute ces notabilités qui enrichissent le
pays par leur industrie, qui l'honorent par
leurs talents ou qui ont bien mérité de lui par
leurs services. On sait quel usage l'Assemblée
a fait du droit qu'elle s'était attribué. C'est aux
départements à réparer cette erreur, et il se
trouve dans celui de Seine-et-Oise trop d'intel-
ligence et de patriotisme pour que les électeurs

ne songent pas à faire asseoir au Sénat, à côté des membres que la passion politique y a placés, ceux que leur expérience désigne pour cette haute magistrature. M. Victor Duruy est un de ces hommes. On en jugera par cette courte biographie.

M. V. Duruy est fils de ses œuvres. Né dans une condition modeste, il fut reçu, en 1830, à l'École normale supérieure, puis devint successivement professeur d'histoire au collége Henri IV et à Saint-Louis, à l'École normale et à l'École polytechnique; inspecteur de l'Académie de Paris, inspecteur général de l'instruction publique; enfin, membre de l'Institut.

Dès l'année 1845, il recevait la croix de la Légion d'honneur pour son enseignement et pour les deux premiers tomes d'une *Histoire romaine* dont il va publier le cinquième volume.

Écrivain sobre et élégant, il a vu seize cent mille exemplaires de ses ouvrages d'éducation et de science répandus en France et à l'étranger. Succès singulier pour des livres qui ne flattent aucune passion, si ce n'est celle de l'hon-

nête et du juste, mais qui prouve qu'avant
d'être chargé du ministère de l'instruction publique, M. Duruy avait déjà rendu de grands
services à l'éducation nationale.

Ces ouvrages ont, en effet, opéré une révolution dans l'enseignement de l'histoire, parce
qu'ils substituaient un récit animé à l'aridité
des livres habituels. Que d'hommes doivent à
M. Duruy d'avoir trouvé pour leurs études de
collége une science attrayante, au lieu d'un
pédantisme rebutant!

Mais comment devint-il ministre ?

Attiré par ses propres études vers l'histoire
romaine, l'Empereur voulut lire les ouvrages
de M. Duruy, et, après les avoir lus, désira le
connaître lui-même, bien qu'il n'ignorât pas
que le professeur eût voté contre le coup d'État
du 2 décembre.

M. Duruy fut donc appelé aux Tuileries. Cette
première entrevue (déc. 1859) entre le tout-
puissant souverain et le modeste écrivain dura
une heure et demie, et ce que nous en avons
pu savoir prouve avec quelle franchise l'Empereur permettait qu'on lui parlât. « J'ai été un
« bien mauvais courtisan, disait M. Duruy au

« sortir de cette audience ; mais après tout, j'ai
« rempli mon devoir de bon citoyen. »

Depuis ce jour, l'Empereur ne cessa pas
d'avoir les yeux sur M. Duruy à l'insu de ce
dernier, et fit céder le mauvais vouloir du ministre de l'instruction publique à l'égard d'un
homme qui, ne demandant rien, se voyait na-
turellement tout fermé.

En février 1861, le ministre appelle M. Duruy
et lui dit, non sans humeur : « Vous avez
« demandé à l'Empereur une inspection gé-
« nérale qu'il veut vous donner. Vous savez
« bien cependant que j'ai des engagements
« avec M. ***. »

Fort étonné d'apprendre cette bonne volonté
du souverain, M. Duruy n'avait, ce semble, qu'à
se laisser faire inspecteur général ; mais, en ac-
ceptant ce poste, il sautait un échelon hiérar-
chique, ce qui, à ses yeux, n'était pas d'un bon
exemple. Aussi répondit-il au ministre qu'il
n'avait rien sollicité, et qu'il se contenterait,
pour ses trente années de service, d'une plus
modeste récompense. Il fut alors nommé inspecteur de l'Académie de Paris. Mais l'Empereur
tenait bon, et l'an d'après, une nouvelle vacance

s'étant produite, il fit un inspecteur général de celui qu'il destinait secrètement à une plus haute fortune.

M. Duruy n'avait pas revu l'Empereur depuis l'audience de 1859. Un jour, il reçut une lettre de Napoléon III lui demandant quelle avait été l'opinion des contemporains sur César. La réponse fut : « Pour juger un souverain, il ne faut pas s'attacher seulement à ce que disent les contemporains dont la passion fausse le jugement dans le sens de l'éloge ou du blâme. Mieux vaut rechercher ce qu'il a fait, ce qu'il voulait faire encore et ce que le temps a gardé de ses actes. » Suivait un mémoire où cette triple question était examinée. M. Duruy n'a, quoi qu'on en ait dit, collaboré à l'*Histoire de César* que par des réponses aux questions posées par l'impérial auteur.

En novembre 1862, invitation aux fêtes de Compiègne; M. Duruy, fait agréer ses excuses.

En décembre de la même année, le secrétaire de l'Empereur invite M. Duruy à le venir voir. M. Mocquard était malade; il dit à son visiteur que, se sentant fatigué, il désirait trouver quelqu'un qui pût l'aider, et que l'Empereur pensait que M. Duruy se chargerait de faire cette recherche.

Rentré chez lui, M. Duruy écrivit à M. Mocquard qu'il avait bien compris que c'était lui-même qu'on voulait, mais que sa situation d'inspecteur général ne lui permettait pas d'accepter une place dans les bureaux du secrétariat. « Au reste, concluait-il, bien qu'il ne soit « pas d'usage qu'un sujet offre quelque chose à « un souverain, je mets au service de Sa Ma-« jesté les trois heures de liberté que j'ai cha-« que jour, à la condition expresse qu'il ne « sera question ni de titre, ni de traitement. »

L'offre fut acceptée, et, pendant près de quatre mois, M. Duruy alla passer trois heures par jour dans le cabinet de l'Empereur, se doutant bien que cela pourrait finir par une nomination à la place si enviée de secrétaire du souverain, mais très-résolu à ne pas accepter ce poste.

Quand M. Duruy partit en inspection, il eut à parcourir une partie de la France au milieu des agitations électorales de 1863. Partout où son service universitaire l'amenait, il devait voir les maires, préfets, évêques, présidents et procureurs

généraux ; il aurait donc eu mille occasions d'é-
crire directement à l'Empereur. Mais effrayé
toujours par la perspective de l'offre de la suc-
cession de M. Mocquard, il n'en fit rien. Aussi
quand le 23 juin 1863 l'Empereur le nomma
ministre de l'Instruction publique, eut-on quelque peine à découvrir en quel point de la France
le nouveau ministre pouvait bien être. On le
trouva enfin dans une auberge où il déjeunait
tranquillement après l'inspection du lycée.

Ces détails ne paraîtront pas puérils, car ils
montrent : d'une part, un souverain qui cher-
che de tous côtés, même en dehors du monde
officiel, d'utiles serviteurs pour le pays, sans
s'inquiéter d'où ils viennent; d'autre part, un
homme qui, sans intrigues, même sans ambi-
tion, arrive, par le travail et la voie droite, au
sommet des honneurs.

Après l'heureuse révolution accomplie dans
l'ordre des intérêts matériels par le développement des travaux publics, l'achèvement de nos
voies ferrées et le traité de commerce, l'Empereur voulait faire une révolution dans l'ordre
des intérêts moraux par la transformation de
l'instruction publique. C'est pour trouver l'ou-

vrier capable de mener cette œuvre à bonne fin,
qu'il avait cherché de tous les côtés, et si long-
temps étudié M. Duruy sans que celui-ci s'en
doutât. Aussi ne lui donna-t-il aucun ordre,
aucune instruction. « Continuez, lui disait-il
seulement dans une lettre, continuez d'avoir
comme moi le feu sacré pour tout ce qui est
grand et noble et croyez à ma sincère amitié. »
Le nouveau ministre comprit qu'il lui était ac-
cordé libre carrière et il s'y jeta avec ardeur.

Son premier mot officiel annonçait le but qu'il
entendait proposer à l'Université : « Faire des
hommes et non des bacheliers. » Tout l'esprit
de son administration est dans ces paroles.

Aussitôt, la plus vigoureuse impulsion fut
imprimée à tous les services. M. Duruy alla
d'abord au plus pressé, à l'enseignement primaire, afin de mettre nos institutions scolaires
en rapport avec les besoins d'une société où
l'électeur peut devenir un élu, l'ouvrier, un
patron, le soldat, un officier. En 1862, près du
tiers de nos conscrits arrivaient au régiment
sans savoir lire; en 1869, un cinquième seulement se trouvaient dans cette condition dé-
plorable et les colonels étaient moins embar-

rassés pour former leurs cadres de sous-officiers.

En même temps, des bibliothèques scolaires étaient créées en tous lieux. Treize mille, en 1869, pouvaient déjà prêter dans les villages un million de volumes.

M. Duruy n'avait pas craint de proposer l'instruction primaire *obligatoire*, proposition qui suscita alors tant d'orages. Aujourd'hui, le ministre de la guerre impose *l'obligation* de l'école à tous les conscrits et personne ne réclame, parce que tout le monde en comprend enfin la nécessité.

Il avait fourni aux communes pauvres le moyen d'établir la *gratuité* de l'école; en juin 1869, trois mille cinq cent cinquante-huit communes l'avaient établie; seize cents l'avaient votée. Dans les autres, les mesures étaient prises pour qu'aucun enfant ne pût être, à cause de sa pauvreté, exclu de l'école.

Afin de donner les connaissances élémentaires à ceux qui les avaient oubliées ou qui ne les avaient jamais reçues, les adultes furent attirés par centaines de mille aux cours du soir, grâce à l'admirable dévouement des instituteurs. En

1868, huit cent mille vinrent prendre à ces cours des idées utiles à leur progrès moral ou professionnel. Le ministre pensait que par le large développement d'une saine instruction populaire, pourraient être conjurés une partie des maux qu'entretiennent l'ignorance, les passions aveugles et les insinuations perfides.

Pour préparer à l'agriculture, à l'industrie, au commerce un recrutement facile de sujets pourvus des connaissances qui leur sont indispensables dans les professions industrielles, M. Duruy créa, en 1865, l'enseignement secondaire spécial.

Cet ordre d'études où les élèves apprennent les langues vivantes, la tenue des livres, la comptabilité, l'histoire et la géographie commerciales, les éléments du droit civil et les applications des sciences physiques et naturelles, devait accroître la puissance de production de la classe qui a la mission de lutter pour la France contre la concurrence étrangère.

L'enseignement économique qui est une partie importante de ces études devait, en outre, faire la lumière dans les esprits sur les dangereuses utopies qui deviennent si facilement des émeutes sanglantes.

Ainsi, ne pas laisser en France un électeur qui ne fût en état d'écrire son bulletin, un fermier qui ne fût capable de faire lui-même ses comptes et sa correspondance, un paysan, un ouvrier qui ne pût, à la veillée d'hiver, lire quelque bon livre; enfin, fournir à chacun les moyens de s'élever dans sa condition, tel fut le but de deux grandes lois que M. Duruy présenta et qui furent votées à l'unanimité le 21 juin 1865 et le 10 avril 1867.

Les forces productives de la France languiraient si la science pure n'était pas armée des plus puissants moyens de recherche. M. Duruy fonda l'école des Hautes Études, qui, en quelques années, a pris rang parmi les grands établissements de notre pays et mérité d'éclatants suffrages à l'étranger. Le jury international de Vienne lui décernait en 1873 la seule grande médaille d'honneur qu'il ait accordée, et le conseil municipal de Paris vient de lui voter une subvention de 50,000 francs.

L'introduction dans nos maisons scolaires des exercices militaires combinés avec un enseignement plus développé de la gymnastique devait faire prendre à nos jeunes générations des habitudes plus viriles. En 1870, ce fut un élève de rhétorique qui, dans une ville de province, servit d'instructeur à la garde nationale après le départ de la garnison.

Il serait trop long d'énumérer tous les actes de cette laborieuse administration dont le chef, pour ne laisser aucun service en souffrance, parcourut chaque année une partie de la France. Dans ces courses rapides et imprévues, il voyait les choses, les hommes, et communiquait au personnel tout entier l'ardeur qui l'animait.

L'opinion publique était favorable à ce ministère où tout se faisait au grand jour et où l'on ne pouvait voir qu'un absolu dévouement aux plus chers intérêts du pays. Aussi, à une époque où les questions scolaires étaient bien moins en faveur qu'aujourd'hui, le budget du ministère de l'instruction publique a été accru, entre 1864 et 1870, de 45 p. 100. Tout était, en outre, préparé pour de nouvelles et très-notables augmentations. Deux mois avant de quitter son portefeuille, M. Duruy avait reçu de la

commission du budget promesse d'une aug-
mentation au prochain exercice de trois mil-
lions, et le ministre des finances s'était engagé
à les trouver.

Au Sénat, M. Duruy, continuant son œuvre,
présenta deux projets de loi : l'un pour réorga-
niser les facultés de l'État; l'autre pour établir
la liberté de l'enseignement supérieur, mais
en retenant pour l'État la collation des grades.

Il en préparait un troisième pour assurer à
toute commune de France le service médical,
comme elles ont toutes déjà le service scolaire
et le service religieux.

M. Duruy n'eut pas le temps d'achever son
œuvre; il lui aurait fallu deux ou trois ans encore pour aller jusqu'au bout de son programme.
Cependant, bien qu'interrompue prématurément
au gré de ceux qui regardent la cause de l'éducation nationale comme un des plus graves
intérêts dont un gouvernement doit avoir le
souci, cette carrière ministérielle est sans con-
tredit une des mieux remplies qui fut jamais.
Marquée par de grandes et utiles fondations,
elle a dévoilé en M. Duruy un réformateur à la
fois habile et prudent, en même temps qu'un

administrateur d'une haute et rare intégrité. C'est depuis son ministère et par ses efforts personnels que l'attention de l'opinion publique a été si heureusement attirée sur les questions d'instruction à tous les degrés et sous toutes les formes.

Cet homme de bien qui est sorti du Ministère plus pauvre qu'il n'y était entré, et à qui les plus violents adversaires du régime impérial sont obligés d'accorder leur estime, a fait encore son devoir comme citoyen quand l'heure en fût venue.

Durant la guerre, tandis qu'un de ses fils, engagé volontaire dans un de ces régiments de turcos qui s'illustrèrent à Wissembourg, à Reichshoffen, à Sedan, se distinguait par sa valeur, et recevait du maréchal de Mac-Mahon la médaille militaire, qu'un autre, à Paris, était frappé par un éclat d'obus au Bourget, lui-même, avec le plus jeune, servait aux remparts et dans les tranchées, portant sur son uniforme de garde national la plaque de grand officier de la Légion d'honneur, afin de bien montrer à tous que nul, dans le danger public, ne doit s'épargner.

Depuis, M. Duruy a vécu dans la retraite et l'étude, donnant à la jeunesse un dernier conseil et un dernier exemple : celui du travail si nécessaire au relèvement de la France.

Typographie Lahure, rue de Fleurus, 9, à Paris.